学校では教えてくれない大切なこと ⑰

夢のかなえ方

マンガ・イラスト 関 和之 (WADE)

旺文社

はじめに

テストで100点を取ったらうれしいですね。先生も家族もほめてくれます。

でも、世の中のできごとは学校でのテストとは違って、正解が1つではなかったり、何が正解なのかが決められないことが多いのです。

「私はプレゼントには花が良いと思う」「ぼくは本が良いと思う」。どちらが正解ですか。どちらも正解。そして、どちらも不正解という場合もありますね。

山登りで仲間がケガをして動けない。こんなときは「動ける自分が方位磁石にしたがって下りてみる」「自分もこのまま動かずに救助を待つ」。どちらが正解でしょう。状況によって正解は変わります。命に関わることですから慎重に判断しなくてはなりません。

このように、100点にもなり0点にもなりえる問題が日々あふれているの

が世の中です。そこで自信をもって生きていくには、自分でとことん考え、そのときの自分にとっての正解が何かを判断していく力が必要になります。

本シリーズでは、自分のことや相手のことを知る大切さと、世の中のさまざまな仕組みがマンガで楽しく描かれています。読み終わったときには「考えるって楽しい！」「わかるってうれしい！」と思えるようになっているでしょう。

本書のテーマは「夢のかなえ方」です。皆さんは将来やりたいことや、なりたい職業がありますか？世の中には、たくさんの職業がありますから、いきなり聞かれても、まだイメージがわかないかもしれませんね。皆さんには、たくさんの才能が眠っています。今はいろいろなことを学び、経験して、「自分の好きなこと」「興味があること」を探してみてください。今、体験した数々のことが、将来自分がやりたいことにつながっていくかもしれません。皆さんの可能性は、無限大です！

旺文社

もくじ

はじめに ………………………………………… 2
この本に登場する仲間たち …………………… 6
プロローグ ……………………………………… 8

1章 好きなことを見つけよう
自分の得意なことを見つけよう ……………… 14
自分の才能を見つけよう ……………………… 20
好きなことが見つからないときは？ ………… 24

2章 夢を見つけよう
テレビが好き …………………………………… 28
国語が好き ……………………………………… 32

カッコいい！カワイイ！お仕事コスチューム① …… 37
食べることが好き ……………………………… 38
いろいろな働き方 ……………………………… 44
音楽が好き ……………………………………… 46
目立ちたい！ …………………………………… 50
生き物が好き …………………………………… 54
苦手なことも夢へのヒント …………………… 58
体を動かすことが好き ………………………… 60
いろいろなスポーツ選手 ……………………… 65
おしゃれが好き ………………………………… 66
変わっていく仕事 ……………………………… 72
乗り物が好き …………………………………… 74
知りたい気持ちが強い ………………………… 78

3章 夢をかなえるために

- 想像しよう！ 将来の自分 ………… 110
- 将来のために必要なこと ………… 116
- おうちの人に子どものころの夢を聞いてみよう！ ………… 120
- どうやって夢をかなえるの？ ………… 122

- やりたいことがたくさんあるときは…？ ………… 106
- マンガが好き ………… 102
- 算数が得意！ ………… 98
- にぎやかな場所が好き ………… 94
- カッコいい！ カワイイ！ お仕事コスチューム❷ ………… 92
- 英語が好き ………… 88
- 工作が好き ………… 82

- 働くってどういうこと？ ………… 126
- 自分が一番大切にしたいこと！ ………… 130
- アフロ先生のオススメ職業診断 ………… 134
- エピローグ ………… 140

スタッフ

- 編集
  次原 舞
- 編集協力
  青木結衣　髙口香莉　岡 梓沙
  （有限会社マイプラン）
- 装丁・本文デザイン
  木下春圭　菅野祥恵
  （株式会社ウエイド）
- 装丁・本文イラスト
  関 和之　森崎達也
  （株式会社ウエイド）
- 校正
  株式会社ぷれす

する仲間たち

夢咲みのり

- 小学3年生。
- 地域のサッカーチームに所属。
- 勉強よりも運動が得意。
- 意外と乙女な一面も。
- 変顔が得意（顔の筋肉がやわらかい）。

みのりの家族

将木叶人

- 小学3年生。
- 自分が美しく見えるように，さまざまなポーズを研究している。
- 家がかなりお金持ちで，おぼっちゃま。
- トランペットを習っている。

カナトの家族

この本に登場

アフロ先生（本名：福沢勇希）
- 永遠の32歳。
- 現在は仕事をしていないが、いろいろな仕事の経験があり、職業についてくわしい。
- 実は家がお金持ち。
- 彼女募集中。
- お金のことにも、とてもくわしいらしい。

来須のぞみ
- 小学3年生。
- 幼いころ、関西に住んでいたなごりで、たまに関西弁を話す。
- 商売をしていたおばあちゃんの影響で、お金の計算が得意。

のぞみのおばあちゃん

1章
好きなことを見つけよう

自分の得意なことを見つけよう

まずは好きなことを考えよう

好きなものは何かな？
- 好きな食べ物は？
- 好きな遊びは？
- 好きなテレビ番組は？
- 好きな本は？

など

得意なことは何かな？
- 得意な教科は？
- 得意な楽器は？
- 得意なスポーツは？

など

興味があることは何かな？
- 大きな建物に興味がある。
- 生き物に興味がある。
- 雲や星の動きに興味がある。
- おしゃれに興味がある。

など

1章 好きなことを見つけよう

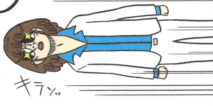

自分の好きなことや得意なことを見つけて…

変身!!

自分の好きなこと、得意なことが… 将来の夢 につながるぞ!!

例2 本が好き。	例1 教えるのが好き。

例2 図書館司書	例1 学校の先生

華麗に変身しよう！

例4 サッカーが得意。

例3 ピアノが得意。

例4 サッカー選手

例3 ピアニスト

こんなことも将来の夢につながるぞ!!

たくさんしゃべりたい。

なぞを解くのが好き。

ものが動くしくみが気になる。

 お笑い芸人

 研究者　ロボット開発者

すごい！そんなことから見つかるんだね！

おじさん先生みたいだね！

お…おじさん!?

ゴチーン…

友達や家族に自分の長所を教えてもらおう

たくさんの人に聞いてみよう!! 自分では気づかなかった良いところがきっと見つかるぞ！

面倒見が良い。

想像力がある。

計算が得意。

人前で話すのが上手。

音読が得意。

手先が器用。

好きなこと が見つからないときは

2章 夢を見つけよう

テレビが好き

ニュース番組ができるまでの流れを見てみよう。

テレビ番組にかかわる仕事

1 番組の企画を立てる。

テレビプロデューサー
番組を企画して、お金や人を集める。

2 放送の準備をする。

音響スタッフ

照明スタッフ

テレビディレクター
出演者やスタッフと打ち合わせをして、実際に現場で指揮をとる。

テレビカメラマン
出演者やもの、景色をどう映すか考えて映像を撮る。

3 放送開始。

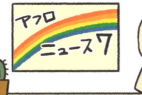

アナウンサー
原稿を読んで、視聴者に情報をわかりやすく伝える。

テレビ番組以外でも…

広告プランナー ※

テレビで流れるCMなどの広告をつくる。商品などが売れるように、短い時間で印象に残るものを考える。

※プランナー：計画を立てる人のこと。

芸能人のマネージャー

芸能人の仕事や予定を管理する。また、その芸能人が売れるように宣伝も行う。

映画監督

撮影現場の総指揮者として、映画をつくりあげる。良い作品になるように厳しく指導することも…。

国語が好き

本が好きな子に向いている仕事

本を読むのが好きな子にはこっちがオススメだ。

文章を書くのが好きならこっちだ！

書店員

お店にいろいろな本を並べ、お客さんに売る。

本を紹介したい。

小説家

空想の話や実話をもとにした話を考えて、小説を書く。

空想するのが好き。

図書館司書

図書館に置く本を選び、整理し、貸し出しの手続きなどを行う。司書になるには資格が必要。

本にくわしい。

脚本家

映画やドラマなどのストーリーを考えて、脚本を書く。

物語が好き。

2章 夢を見つけよう

人の気持ちに向かいあう仕事

物語の登場人物や作者の気持ちに共感するなど、人の気持ちに関心のある子にはこんな仕事もオススメだ！

臨床心理士

専門的な知識をもとに、悩みをかかえた人の話を聞き、いっしょに原因を考え、悩みが解消されるように導く。特別な資格が必要。

心理学者

人の心について研究する専門家。大学や研究機関で研究するほかに、知識をいかして病院や警察などで働く場合もある。

この本、いっぱいいい言葉がのってるわ！

言葉に興味があるならこんな仕事はどうだ？

言葉の良さを人に伝える仕事

書道家

筆を使って，自分ならではの文字を書く。映画やテレビ番組などのタイトルを書くこともある。

詩人・歌人・俳人

詩，短歌（五・七・五・七・七から成る），俳句（五・七・五から成る）をつくる。いずれも，オリジナルの感性が必要。

アナウンサー

テレビやラジオで，ニュースやスポーツの実況などの情報を正確な言葉でわかりやすく伝える。

落語家

落語という，オチのある話を観客の前でひろうする。一人で複数の登場人物を演じて，観客を笑わせる。

日本語教師

外国の人たちに正しい日本語を教える。会話や読み書きだけでなく，日本の文化や生活習慣なども教える。

カッコいい！
カワイイ！
お仕事コスチューム ①

料理人
料理に髪の毛が入らないように、帽子をかぶっている。

保育士

エプロンをしているのでよごれても平気。

美容師

はさみやくしをすぐに取り出せるようにしている。

37 2章 夢を見つけよう

おいしいものにかかわる仕事

農家
野菜や果物などを育てて出荷する。

料理評論家
レストランの味やサービスなどを分析して評価する。

食品開発者
新しい商品やメニューを開発する。

「おいしい」を人に伝える仕事

飲食店のオーナー

お店を経営して、おいしいものをお客さんに提供する。

レストラン

カフェ

グルメリポーター

テレビ番組でおいしいものを紹介する。実際に食べて、味を人に伝える。

ソムリエ

料理に合うワインや、ワインのおいしい飲み方を提案する。

おいしいものをつくる仕事

料理人

レストランなどの厨房（調理室）でおいしい料理をつくる。

給食調理員

みんなの学校でおいしい給食をつくる。

つくりたいものによって仕事もさまざま！

いろいろな働き方

働き方にはいろいろある！
君はどんな働き方がしたい？

会社員

働く時間や場所など，会社の決まりのもとで働く。一般的にフリーランスに比べて収入が安定している。社員の生活を支えるための制度（福利厚生）もある。

チームで働きたい。
お先ぇーっ！
おつかれさまー

公務員

国や地域（市町村など）の人々のために働く。国民・市民の生活にかかわる仕事が多い。給料は税金から支払われる。

人のために働きたい。
おらぁ!!
犯人確保！

公立の学校の先生や警察官，消防士も公務員なんだ。

フリーランス

専門的な知識や技術を持つ人が、会社に入らず、個人で仕事をする働き方。仕事のやり方は自分次第で、能力によって収入も変わる。

（例）
- カメラマン
- マンガ家
- プログラマー　など

パート・アルバイト

働く日や時間を選ぶことができるので、学生や家事などでいそがしい人でも働きやすい。働く会社や店によっては、かけもちができるところも。

経営者

責任者として、会社を維持・運営するために働く。必要な働き手をやとい、給料を支払う。責任感や判断力などが必要。

音楽にかかわる仕事

音楽をつくる・聴かせる仕事

DJ（ディスクジョッキー）

お店やお客さんの雰囲気に合わせて，いろいろな曲をつなげて流す。

作曲家

歌手が歌う曲やCM，ゲームなどで使われる曲をつくる。音楽の知識やセンスが必要だ。

音楽プロデューサー

企画を立て，歌手や演奏家の魅力を引き出し，音楽を制作する。

楽器にかかわる仕事

調律師

ピアノの音程を合わせ，音色を整える。

楽器職人

新しい楽器の製作や，楽器の修理をする。工房などに弟子入りして修業することもある。

特技をいかして目立ちたい

才能をいかして目立ちたい

動物が好きな人に向いている仕事

飼育員

動物園や水族館で動物や魚などの世話をする。動物たちとの信頼関係を築くことが大切。

獣医師

動物が病気やケガをしたときに、治療する。健康のためのアドバイスもする。

トリマー

動物の毛をカットしたり、つめなどの手入れをしたりする。動物の特徴を知っておく必要がある。

ドッグトレーナー

家庭で飼われている犬たちにしつけをして、人間と暮らすためのマナーを教える。飼い主に飼い方のアドバイスもする。

植物が好きな人に向いている仕事

フラワーショップの店員

いろいろな花を仕入れて販売する。花についてアドバイスしたり,花束をつくったりもする。

植物学者

さまざまな植物を研究する。新種を発見したり,植物の絶滅を防ぐために保護したりする。

フラワーデザイナー

お客さんの希望に合わせて花束をつくったり,パーティー会場などに花をかざりつけたりする。

農家
販売用の野菜や果物などを育て、出荷する。体力とまごころも必要！

漁師
海や川に出て魚などをとる。遠い海に行くと、半年近く海の上で生活することも。

苦手なことも夢へのヒント

体を動かすことが好き

得意なスポーツがある。

スポーツ選手

サッカー，野球など，種目はさまざま！
くわしくは ➡ p.65 へ

運動の楽しさを伝えたい。

スポーツインストラクター

ジムでトレーニングの仕方や，スポーツの指導をする。

体力に自信がある。

登山家

高く険しい山に挑戦する。登山ガイドなどを行う人もいる。

ボディーガード

依頼人が危険な目にあわないように，体を張って守る。

どの仕事も体力が必要だぞ。

体力をいかして人を守る仕事

人の命を助けたい。

救急隊員

事故や急病などで救助を必要とする人のもとにかけつけ，病院に着くまでに応急処置を行う。

泳ぐのが得意。

ライフセーバー

海や川，湖，プールなど，水辺での事故を防いだり，おぼれた人の救助や応急処置を行ったりする。

まちの安全を守りたい。

警察官

責任感が強い。

ボディーガード

いつも冷静。

消防士

運動する人を支える仕事

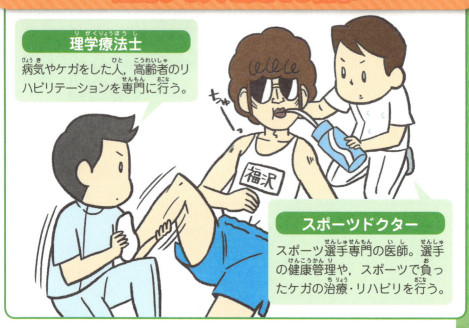

おしゃれが好き

あるモデルを例に

撮影にかかわる仕事

ヘアメイクアーティスト
モデルやタレントの髪を整えたり，メイクをしたりする。

カメラマン

モデルとカメラができるまでできるまで！

スタイリスト
要望に合うように，モデルなどの服や小物をコーディネートする。

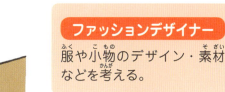

ファッションデザイナー
服や小物のデザイン・素材などを考える。

ジュエリーデザイナー
指輪やネックレスなどのアクセサリーをデザインする。

ファッションやメイクにかかわる仕事❶

2章 夢を見つけよう

ファッションやメイクにかかわる仕事❷

まちの中にも，おしゃれやキレイをかなえる仕事があるぞ！

アパレルショップ店員
お客さんに合う服装を考えて提案し，販売する。

美容アドバイザー
化粧品の使い方を説明したり，一人一人に合うメイクや肌の手入れの仕方をアドバイスしたりする。

変わっていく仕事

オレたちが暮らす社会は，毎日進化している。特にインターネットの発達によって，新しい働き方や職業が生まれているぞ。

新しい働き方

会社で働く
毎日，会社や勤務先に通って仕事をする，昔からの一般的な働き方。

自宅で働く
職場に通わず，自宅で会社の仕事を行う働き方も認められつつあり，子育てしながら働く人も増えている。

海外で働く
文書や画像など，仕事で使うデータを電子メールなどでやりとりできるようになり，昔に比べ，海外でも働きやすくなっている。

会社に所属せずに働く
会社に入らず，個人の才能をいかして働く人や，個性的で今までになかった新しい仕事をする人も増えている。

変わっていく仕事

社会の変化によって、将来なくなってしまうかもしれない仕事や、反対に、働く人が増えている仕事があるぞ。

もしかしたら
20年後にはなくなってしまうかもしれない仕事

機械やロボットが代わりに仕事をしているかもしれない。

レジ係　　運転手

働く人が増えている仕事

高齢者が増えているから、働く人が必要。

介護福祉士　　看護師

楽しみだね。

どんな感じになるかな。

みんなが大人になるころには、もっと新しい仕事や働き方が生まれているだろうな。

2章 夢を見つけよう

乗り物が好き

乗り物をつくったり，整備したりする仕事

エンジニア
最新の乗り物の開発をする。デザイン，部品の設計，安全性のチェックなど，担当する分野により仕事はさまざま。

整備士
乗り物が故障したときに修理したり，定期的に点検したりして，安全に動くように調整する。

電車や飛行機，車に安全に乗れるのは彼らのおかげですな！

乗り物にかかわる仕事

客室乗務員（キャビンアテンダント）
飛行機の乗客の安全確保や、食事などの身の回りの世話をする。

いろいろな場所に行きたい。

重機オペレーター
工事現場で、ブルドーザーやクレーン車などの重機を操縦する。特別な免許が必要。

大きな乗り物を運転したい。

鉄道会社の社員
電車を安全に動かすための運行計画を立てたり、サービスを提供したりする。

鉄道が好き。

「しくみ」に興味があるなら…

ロボット開発者

人々の生活に役立つロボットを設計・開発する。医療・介護・災害現場など、ロボットの活躍の場は増えている。

医師

ケガや病気の人の診察や治療を行う。医学の進歩に合わせて勉強をし続けている。

科学者

自然界のいろいろな物事について、実験や観察をくり返し、そのしくみを明らかにする。研究の分野は、化学や物理学などさまざま。

生物学者

科学のうち、特に動物や植物の生命について研究する。生き物を観察したり、生態をくわしく知るために遺伝子レベルの研究をしたりする。数学や化学の知識も必要。

2章 夢を見つけよう

天気や宇宙が好きなら、こんな仕事もあるぞ。

空にかかわる仕事

気象予報士

雲や前線の動きを分析して、どんな天気になるかを予想する。気象予報士として働くには資格が必要。

空が好き。

宇宙飛行士

宇宙にある施設の中で、人類の未来に役立つ実験や研究を行う。どんな状況にも対応できる体力・知力・語学力が必要。

宇宙が好き。

天文学者

大学の研究所、天文台などの機関で宇宙の成り立ちを解き明かすためにさまざまな星や銀河などの観測・研究をする。

星が好き。

手先の器用さをいかせばこんなふうに活躍できる！

手づくりする仕事

ハンドメイド作家

アクセサリーやポーチなどの、小物や雑貨をつくる。

ソーイングスタッフ

布をぬって製品をつくることを専門とする。オーダーメイドで服やかばんをつくることも。

美術スタッフ

テレビや映画などで使う大道具や小道具をつくる。

特殊メイクアップアーティスト

俳優の顔にメイクをして怪物や老人に変えたり、変身マスクをつくったりする。

2章 夢を見つけよう

大きなものをつくる仕事

不器用ですから…

私，さいほうとかはあんまり得意じゃないな～…。

それなら，もっと大きなものをつくるのはどうだ？

乗り物をつくる

工場でつくられた部品を組み立て，車や電車，飛行機，船などをつくる。

乗り物が好き。

建物をつくる

木材や金属を加工したり組み立てたりして，家やビル，橋などの建築物をつくる。

大きな建物をつくりたい。

庭をつくる

家の庭や公園・遊園地などの植木の手入れをしたり，空間に合わせた設計をしたりする。

植物が好き。

どれも体を使うけど，センスも大事そうだね！

芸術にかかわる仕事

陶芸家

土をこねて食器や花びんなどの形をつくり，焼き上げる。

彫刻家

木や石，土など，さまざまな素材で立体作品をつくる。

華道家

ホテルやイベント会場などに花をかざったり，生け花の教室を開いて生徒に教えたりする。

コンピューターが得意なら，こんなこともできるぞ。

パソコンでものをつくる仕事

CGクリエイター
CG（コンピューターグラフィックス）をつくり出す。

クリエイティブディレクター
ポスターやCMなどの広告をつくるため，スタッフをまとめて，指揮をする。

プログラマー
コンピューターや電子機器のシステムをつくり出す。

Webデザイナー
画像や文字の配置やデザインを考え，Webサイトをつくる。

英語でコミュニケーションをとる仕事

通訳

言語のちがう人同士がコミュニケーションをとれるように，言葉を訳して橋わたしをする。

ホテルマン・ホテルウーマン

日本国内だけでなく，世界中から訪れる人たちが，心地よく宿泊できるようにもてなす。

英会話教室の講師

子どもから大人まで，いろいろな人に英会話を教える。

英語だけでなく，ほかの言語を使って仕事をしている人もいるぞ！

英語をいかして世界で働く仕事

世界で活躍したい人にはこういう仕事もオススメだ！

貿易会社のスタッフ
世界中の国を相手に、車や宝石などいろいろな品物の輸出・輸入を行う。

ツアーコンダクター（添乗員）
国内や海外のツアーに同行して、訪問先の案内や旅行客の世話をする。

翻訳家
外国の本や記事などを日本語に訳す。

お仕事コスチューム ②

カッコいい！ カワイイ！

電車の運転士

帽子をかぶり，白い手袋を着けている。

みんなが使っているものより細かく，時間が秒単位で書かれた時刻表を持っている。

客室乗務員

スカーフの巻き方はいろいろある。

食事のサービス中はエプロンを着ける。

銀行員

落ち着いた，信頼感をあたえる制服。

親しみやすいデザインが増えている。

工事現場の作業員

上からものが落ちてきたときに、頭を守るためのヘルメットをかぶっている。

危険なものをふみつけたり、重いものが落ちてきたりして、ケガをしないように、鉄板が入ったくつをはいている。

看護師

よごれにすぐ気がつくように、うすい色の服を着ている。

歩きやすいくつをはいている。

ホールスタッフ

制服がよごれてもいいように、エプロンを着用。

店によっていろいろなデザインがある。

ツアーコンダクター(添乗員)
観光ツアーで、お客さんに訪問先の案内をする。バスでの移動中には、ゲームなどで盛り上げることも。

おでかけが好き

飼育員
動物園や水族館で生き物の世話をする。大きな動物の世話やそうじなどで体力も必要。

テーマパークのスタッフ
テーマパークでアトラクションの案内をしたり、ショーやイベントに出演したりする。お客さんを喜ばせたいと思う気持ちが大切。

いろいろなことを知りたい

算数が得意！

計算が好き

税理士
税金の専門知識を持ち，いろいろな会社や事業主の会計の処理や税金にかかわる手続きをする。

細かい計算が得意。

税金納めましょう！

銀行員
お客さんからお金を預かったり，お金が必要な人に貸したりする。

責任感が強い。

あーがとうございます！

栄養士
病院などで栄養バランスを考えながら食事のメニューをつくる。

食べるのも好き。

ビタミン足りてますか？

社長
会社の代表として，売れる商品やサービスを考えて販売する。会社をきちんと経営するため，お金のやりくりを考える。

いつでも冷静。

パン工場の社長です

2章 夢を見つけよう

算数の問題を解くのが好きならば、こんな仕事も。

答えを求めることが好き

「答えが出るまでじっくり考えるのが好き！」という君には、その力をいかしたこんな仕事も向いているぞ。

学者・研究者

自分の専門分野について、新しい発見のため、実験や研究を重ね、論文などで成果を発表する。

発想力と思考力で勝負。

裁判官

法律の知識をもとに、人々の争いを解決したり、被告人が有罪か無罪かを判断して、刑の重さを決めたりする。冷静に考える力が必要。

冷静な判断力がある。

図形が好き

建築家
家やビルなどのデザインや構造を考えて、設計する。

インテリアデザイナー
部屋のつくりや家具の置き方を考えて、建物の内装をデザインする。

マンガが好き

マンガ好きをいかせる仕事

マンガ家
キャラクターやストーリーを考え，マンガを描く。絵のうまさだけでなく，発想力や体力も必要！

イラストレーター
本のさし絵や，広告などのイメージに合ったイラストを描く。

編集者
本や雑誌の企画を考え，本づくりにかかわる人たちと連絡を取りながら，書籍や雑誌をつくる。つくる内容は出版社によっていろいろ。

「みのりちゃんはアニメやゲームも好きなんだよー。」

「ナイスガイが出てるヤツ」

「あんなところを見られるなんて…」

「ならばこんなのはどうだ?」

アニメやゲームが好きな人に向いている仕事

声優
キャラクターの動きに合わせて、セリフに声を吹きこんでいく。風邪を引くと声が変わってしまうので、体調管理がとても大切!

アニメーター
アニメーションをつくるための絵を描く。なめらかな動きにするために、同じような絵を何枚も描く。

根気がある。

裏切り者めぇぇぇ!!

キャラになりきりたい。

ゲームクリエイター
ゲームをつくる人すべてを指す。企画を考える人、映像をつくる人、ゲームが動くようにする人、音楽をつくる人など、いろいろな人が協力して1本のゲームをつくり上げる。

ゲームが好き。

やりたいことが たくさんある ときは…

ん？カナト！

おーい！

すまないが今急いでるんだ。あとにしてくれるかい？

それで急いでんの！？

な…何か予定があるのか？

トランペットの練習をして鏡を見て美しさをみがいて鏡を見て自画像を描いて鏡を見てそれから美しい写真を撮って鏡を見て…。

あっ！

ピーチク パーチク

ムギュ

やりたいことがたくさんあるんだな。

全部できるのか？

さあね…。

自信はないね…

神のみぞ知る…といったところかな？

やりたいことに順位をつけよう！

やりたいことがたくさんあるときは，一気に全部やろうとせずに，一番やりたいことから一つずつ順番にやっていこう。

① やりたいことを挙げてみよう！

いくつあるかな？

- トランペットの練習。
- 美しさをみがく。
- 自画像を描く。
- 写真を撮る。

こんなところだね…

美しさをみがくって…

② その中で一番やりたいことを考えよう！

カナトは一番何がしたい？

ブフォンヴェッフォ（トランペット）

③ 一番やりたいことをやり終えて満足したら，その次にやりたいことをやろう！

①〜③をくり返すと，本当にやりたいことが見えてくるぞ。

2章 夢を見つけよう

3章 夢をかなえるために

ステップ1 好きなこと・得意なことを考えてみよう。

自分が好きなことや，得意なことをたくさん考えてみよう。一人で考えるのが難しいときは，友達やおうちの人と話しながら考えるのもいいぞ。

ステップ2 どんな自分になりたいかを考えてみよう。

ステップ1で思いうかんだことをいかせる仕事を考えてみよう。迷ったときは，この本の2章を読んで，興味がある仕事を探そう。そして，自分が活躍する姿を想像しよう！

ステップ3 今の自分にできそうなことを考えてみよう。

将来なりたい自分の姿が想像できたら，その目標に近づくために，今の自分にできそうなことを考えて，自分なりの目標を持とう。

きれいな体型になるために，毎日お風呂上がりにストレッチ！

体力をつけるために，毎日10分ランニング。

毎日トランペットの練習を欠かさない。

まずは，無理なくできることから始めよう！

将来のために必要なこと

将来のために習慣にしたいこと

① 時間を守ろう！

学校に行く時間，友達との待ち合わせなど，時間を守らないといけないことはたくさんあるよね。それは大人になっても同じ！ 約束の時間に間に合うように，余裕を持って行動しよう。

信頼される。

信頼されない。

② きちんと報告しよう！

大事なことは，周りの人にきちんと伝えるようにしよう！ 情報を伝えないと，周りの人に迷惑をかけてしまうことがあるよ。

周りの人も安心。

迷惑をかけることも。

❸ みんなに相談しよう！

自分だけでは解決できないような、困ったことがあるときは、周りの人に相談してみよう。きっと一人では思いつかないような解決策やアドバイスがもらえるよ。

❹ コツコツ努力しよう！

勉強がわからないときは、教科書を読み返したり、参考書を見たりして、わかるようになるまでがんばるよね。そうやって努力することは、とても大切なことなんだ。大人になって困ったことが起きたとき、がんばる力は、きっと君の助けになるよ。

おうちの人に子どものころの夢を聞いてみよう!

どうやって夢をかなえるの？

夢のかなえ方にもいろいろあるぞ。 例えば…。

「学校の先生になりたい！」

 学校に行く。
専門的な知識を学ぶぞ。

 資格を取る。

 採用試験に受かる。
先生としてふさわしいかどうか試されるぞ。

「パティシエになりたい！」

専門学校に行く。

現場で修業する。
実際に現場で働いて、うでをみがくぞ。

「演奏家になりたい！」

 音楽関係の学校に行く。
海外で勉強する。
外国の有名な先生のもとで学ぶこともあるぞ。

  コンクールで入賞する。

 ライブや演奏会で経験を積む。

3章 夢をかなえるために

気になる仕事について知ろう！

❶ まずは自分で調べてみる。

どんなことをする仕事なのか，どうしたらなれるのか，本やインターネットで調べてみよう。

❷ 実際に働いているところを見に行く。

まちの中で，気になる職業の人を見ることもあるはず。仕事のジャマにならないように，見学させてもらおう！
※必ず大人の人といっしょに行こう。

❸ 働いている人に直接話を聞く。

機会があれば，どうしたらなれるかということや，仕事内容について，直接聞いてみよう。自分が将来働くときのイメージがわくぞ。

どうして働くの？

働く理由は，お金をかせぐためだけじゃない。
仕事を通して，たくさんの良い経験ができるんだ！

❶ いろいろな人と出会える！

仕事をしていると，いろいろな人と接する機会がある。そこで出会った人たちから，自分が知らなかったことを学ぶことができ，たくさんの刺激をもらえるぞ！

❷ 生きがいを見つけられる！

仕事をやりとげたり，成果を認められたりすることで，達成感を味わえる。その達成感が，次の仕事へのやる気や生きがいにつながるんだ。

❸ みんなの役に立てる！

自分がかかわった仕事が，世の中の役に立ったり，だれかをうれしい気持ちにすることができる。

働くときに大切なこと

① 責任感を持つ

自分の仕事は最後まできっちりとやり遂げよう。自分の考えだけで行動せず，困ったことがあったら，周りの人と相談してやり通すと「頼りになるな」と思われるよ。

② 体調を管理する

良い仕事をするためには，いつも健康な体でいることがとても大切！ いそがしくても，食事や睡眠はしっかりとろう。

大切にしたいことは人それぞれちがう！

自分にとっての一番は何かを考えてみよう！

自分が何のために働くのかを考えることはとても大切だぞ。

考えてみよう

Q だれにほめられたら一番うれしい？
A 君の考えを書いてみよう！

Q 何をもらったら一番うれしい？
A 君の考えを書いてみよう！

この答えが今の君が一番大事だと思っているものだ！

答えは変わることもあるから、しばらくしたらまた考えてみよう！

ちがう考えがあることを理解しよう！

アフロ先生のオススメ職業診断

スタート

一人で遊ぶより みんなで遊ぶほうが好き。

← はい ← いいえ

家で遊ぶより，外で遊ぶほうが好き。

どちらも好き！

つらいことがあってもすぐに立ち直れる。

人と同じことより，ちがったことがしたい。

自分はどれかな？

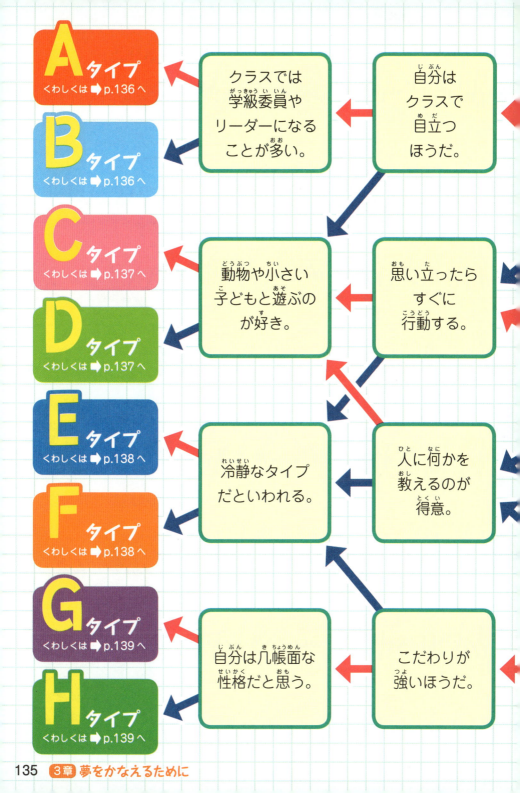

Aタイプの君には… リーダーシップをとる仕事がオススメ！

クラスの中でたよれる存在の君は，人の前に立ったり，人をまとめたりする仕事に向いているぞ！

こんな仕事があるぞ！
政治家，学校の先生，指揮者，テレビディレクター，スポーツ選手 など

この話がオススメ！
- 目立ちたい！ ➡ p.50
- 体を動かすことが好き ➡ p.60

Bタイプの君には… 人と協力して行う仕事がオススメ！

すぐに人と仲良くなれる君は，チームワークが必要な仕事に向いているぞ！

こんな仕事があるぞ！
テレビプロデューサー，大工，ダンサー，救急隊員，消防士 など

この話がオススメ！
- テレビが好き ➡ p.28
- 体を動かすことが好き ➡ p.60

Cタイプの君には… 人や動物の世話をする仕事がオススメ！

面倒見のいい君は，人に何かを教えたり，動物の世話をしたりする仕事に向いているぞ！

こんな仕事があるぞ！ 保育士，インストラクター，飼育員，トリマー，看護師 など

この話がオススメ！
- 生き物が好き ➡ p.54
- にぎやかな場所が好き ➡ p.94

Dタイプの君には… 人を笑わせたり，話をしたりする仕事がオススメ！

話すことが大好きな君は，人とコミュニケーションをとる仕事に向いているぞ！

こんな仕事があるぞ！ 通訳，アナウンサー，お笑い芸人，レストランの店員，カウンセラー など

この話がオススメ！
- 目立ちたい！ ➡ p.50
- 英語が好き ➡ p.88

 **Eタイプの君には…** 冷静に分析する仕事がオススメ！

物事を冷静に見極められる君は、じっくり考えて判断しなければならない仕事に向いているぞ！

こんな仕事があるぞ
弁護士，警察官，科学者，
裁判官，研究者，医師
　　　　　　　　　　　など

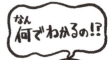

この話がオススメ！
● 知りたい気持ちが強い ➡ p.78
● 算数が得意！ ➡ p.98

Fタイプの君には… 一つのことを追究する仕事がオススメ！

好きなことをとことんつきつめたい君は、集中力が必要な仕事や、一つのことを究める仕事に向いているぞ！

こんな仕事があるぞ
大学教授，スポーツ選手，
演奏家，料理人，美容師，
冒険家　　　　　　　など

この話がオススメ！
● 食べることが好き ➡ p.38
● おしゃれが好き ➡ p.66
● 乗り物が好き ➡ p.74

Gタイプの君には… コツコツと細かい作業を行う仕事がオススメ！

手先が器用な君は、細かい作業が必要な仕事に向いているぞ！

こんな仕事があるぞ！

ネイリスト，編集者，システムエンジニア，整備士，薬剤師 など

この話がオススメ！
- 国語が好き ➡ p.32
- 乗り物が好き ➡ p.74
- 工作が好き ➡ p.82

Hタイプの君には… 自分の世界を表現する仕事がオススメ！

人とはちがったことをするのが好きな君は，新しいものをつくり出す仕事に向いているぞ！

こんな仕事があるぞ！

画家，作曲家，マンガ家，ファッションデザイナー，建築家 など

この話がオススメ！
- 音楽が好き ➡ p.46
- 工作が好き ➡ p.82
- マンガが好き ➡ p.102